Aufsätze schreiben:

Alles klar!

Lern- und Übungsheft **1** *für das 5./6. Schuljahr*

Erarbeitet von Dietrich Berger und Manfred Kienzler
Illustriert von Barbara Schumann

Cornelsen

Dieses Zeichen bedeutet: **Schreib den Aufsatz in ein anderes Übungsheft.**

Textquellen:

S. 22 f.: Birgit Puck, Aus: Badische Zeitung, Freiburg, 10. 9. 1993
S. 32 ff.: Volker Erhardt, Australien ist weit (gekürzt). Aus: Geschenk-Geschichten, hrsg. von Manfred Mai, Rowohlt 1983
S. 36 f.: Natalie Oettli, Die Brücke (gekürzt). Aus: Dietrich Steinwede / Sabine Ruprecht (Hrsg.) Vorlesebuch Religion 1, Kaufmann Verlag, Lahr 1982
S. 60: Den Geroldseckern beiderseits des Rheins auf der Spur. Aus: Badische Zeitung, Freiburg, 30. 6. 95

Bildquellen:

S. 30: Fotos, Fotoagentur Voller Ernst, Berlin
S. 45: Grafik, Katharina Wolff, Berlin
S. 48: Grafik der Fische, Manfred Eickhoff, Speyer
Lösungsheft: Plan der Stadt Lahr/Schwarzwald, KBK Druck+Verlag GmbH, Karlsruhe

Redaktion: Eleonore Kunz
Gestaltung und technische Umsetzung: Eckhardt Natorp

http://www.cornelsen.de

1. Auflage € Druck 7 6 5 4 Jahr 04 03 02 01

Druck: CS-Druck Cornelsen Stürtz, Berlin

ISBN 3-464-03693-6

Bestellnummer 36936

Gedruckt auf Recyclingpapier, hergestellt aus 100 % Altpapier

Inhalt

Texte überarbeiten

Erzählen

Beschreiben

Berichten

Tipps und Grundwissen befinden sich auf den inneren Umschlagseiten.

Tipps

Die Tipps geben dir Hinweise, worauf du beim Schreiben und Überarbeiten deiner Aufsätze achten musst.

Tipp 1:** Achte auf die richtige **Reihenfolge!

1. *Ordne folgende Sätze, indem du sie in der richtigen Reihenfolge nummerierst.*

Lügenbaron Münchhausen erzählt von einem Wunderpferd

☐ Kurz entschlossen gab ich dem Tier ein Zeichen und lenkte es so mitten im Fluge um, sodass wir genau an der Stelle wieder landeten, wo wir abgesprungen waren.
☐ Ein anderes Mal wollte ich auf meinem Pferd einen Sumpf überqueren.
☐ Das merkte ich erst im Sprung. ☐ Als wir am Rande absprangen, konnte ich noch nicht überschauen, wie breit der Sumpf war.

Lösungsheft

***Tipp 2:** Verwende die Verben in den richtigen **Zeitformen**: beim schriftlichen Erzählen und beim Berichten im Präteritum, beim Beschreiben im Präsens!*

2. *Setze die Verben in der richtigen Zeit- und Personalform ein.*

a) tun, gefallen, sagen, denken, malen, vorstellen,

So beginnt **Die Geschichte vom schwarzen Mann und vom großen Hund**
(Christine Nöstlinger)

Jedes Mal, wenn der Willi etwas ...., was der Mutter nicht ...., ... die Mutter: „Willi, der schwarze Mann wird dich gleich holen!“ oder: „Willi, der große Hund wird kommen und dich beißen!“
Der Willi .... oft an den schwarzen Mann und an den großen Hund und .... sich aus, wie die beiden wohl aussehen mochten. Den großen Hund .... sich der Willi sehr wild .... Mit Borstenhaaren und Feueraugen, mit einer Teufelszunge und Vampirzähnen. ...

Lösungsheft

Tipps

b) stellen, würfeln, dürfen, rücken, überspringen, müssen, hinauswerfen, besetzen, dürfen, müssen

Spielanleitung (Beschreibung)
Zuerst .... du deine Spielklötzchen in das Ausgangsfeld. Wenn du dreimal eine „Eins" .... , ... du eine Spielfigur auf den Startpunkt setzen. Nun .... du nach der Anzahl der gewürfelten Augen vorwärts. .... du dabei das Spielklötzchen eines Mitspielers/einer Mitspielerin, ... du eine Runde aussetzen.
.... du jemanden ...., weil er/sie das Spielfeld .... , ... du noch einmal würfeln. Erreichst du dann aber eine Sechs, ... du um sechs zurückrücken. ...

Lösungsheft

Tipp 3: *Vermeide Wortwiederholungen!*

3. *Schreibe für den Satzanfang* Und dann *... bessere Möglichkeiten.*

Kurze Zeit später ... Darauf ...

....

4. *Ergänze.*

Anja ging schnell, das Mädchen raste, ...

....

Julius ging langsam, er trödelte, ...

....

Lösungsheft

Tipp 4: *Benutze beim Erzählen die wörtliche (direkte) Rede!*

5. *Stell dir vor, deine Lehrerin kommt in die Klasse und verkündet, dass ihr Hitzefrei habt. Was könnten deine Mitschüler und Mitschülerinnen sagen bzw. rufen?*

„Whow!" „Ich geh baden." ....

....

Erlebnisse erzählen

Am Montagmorgen sind aus der 5. Klasse laute Gesprächsfetzen zu hören:

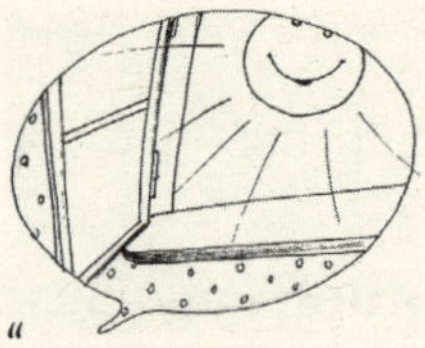

„War das ein schöner Tag! Schon beim Aufstehen ...“

„So was möchte ich nicht noch mal erleben!“

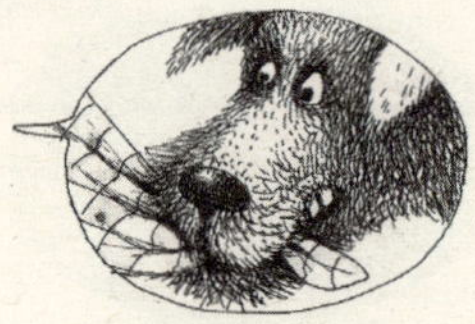

„Das ist noch gar nichts! Mir ist was passiert, das ...“

„Was habt ihr denn? Es gibt auch schöne Erlebnisse!“

„Der Sonntagsausflug mit meinen Eltern war ein einziges Chaos! Es begann mit ...“

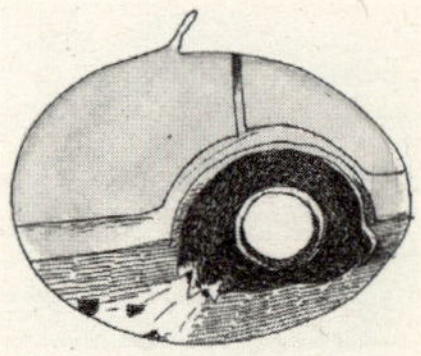

„Den laden wir nicht mehr ein!“

„Am Wochenende war ich mit meinem Opa unterwegs. Ich sage euch ...“

Der Lehrer unterbricht das Stimmengewirr und lässt Sebastian erzählen:

„Das war der schlimmste Sonntag, den ich je erlebt habe ...“

TIPP 1

1. *Setze diesen Erzählanfang fort! Erzähle, was hier passiert sein könnte!*

Erlebnisse erzählen

*Beim Erzählen von Erlebnissen muss man zunächst wissen, auf welches **Ziel** (Höhepunkt) man mit der Erzählung hinauswill. Danach richtet sich der schrittweise Aufbau der Geschichte mit **Einleitung, Hauptteil (Erzählkern) und Schluss.***

2. *Prüfe in deiner Sonntagsgeschichte:*
Stimmt die Reihenfolge der Erzählschritte?
Werden zu Beginn (in der Einleitung) Ort, Zeit und Personen genannt?
Gibt es einen spannenden Höhepunkt?

Erlebnisse erzählen

Erzählschritte

3. *Im folgenden Aufsatz wurden die Erzählschritte vertauscht. Bringe den Text in die richtige Reihenfolge. Notiere dazu unter jedem Abschnitt, um welchen Erzählschritt es sich handelt (Einleitung, 1. Erzählschritt, 2. Erzählschritt, 3. Erzählschritt, 4. Erzählschritt, Höhepunkt [Ziel] der Erzählung, Schluss).*

Das Bootsabenteuer

„Was hast du denn da?“ „Eine Angel“, murmelte ich, „die habe ich mir schon lange gewünscht und nie bekommen.“ „Bravo“, erwiderte Michael. „Jetzt können wir nebenbei noch angeln.“
Ich warf den Köder hinaus ins Wasser und wartete zehn Minuten, aber nicht ein einziger Fisch biss an. Ich hörte auf zu angeln und stand auf um mein Ruder zu holen.

4. Erzählschritt

Schnell liefen Michael und ich zum Fluss hinunter. Wir hatten uns vorgenommen im nahen Schilf die Vögel zu beobachten. Als wir am Ufer entlanggingen, sahen wir dort ein Ruderboot liegen.

Vorsichtig krochen wir aus dem Zelt. Es war ganz früh am Morgen, die Sonne war eben erst aufgegangen. Unsere Eltern schliefen noch und auf dem ganzen Campingplatz war kein Mensch zu sehen.

Da geschah es. Plötzlich fing das Boot an zu schaukeln. Michael sagte: „Pass auf!“
Auf einmal kippte das Ruderboot um. Michael und ich schrien: „Hilfe, Hilfe!“, immer

Erlebnisse erzählen

wieder. Wir konnten nichts machen. Michael hatte eine Idee. Er schrie: „Komm, wir halten uns zusammen fest, sodass niemand von der Strömung mitgerissen wird."

Michael schaute mich fragend an. „Was ist los? Sollen wir mal mit dem Boot auf den Fluss? Es ist ja niemand zu sehen." Ich antwortete: „Na gut, wenn du meinst." Wir nahmen die Ruder in die Hand und legten los.

Nach einer viertel Stunde konnten wir uns erschöpft ans Ufer retten. „Warum bist du aufgestanden?", fragte Michael. „Ich wollte doch nur das Ruder holen", sagte ich. Michael meinte: „Du kannst froh sein, dass wir noch am Leben sind." Atemlos liefen wir nach Hause. Unsere Eltern hatten in der Zeit, als wir weg waren, noch gar nichts gemerkt. Wir beide meinten : „Ende gut, alles gut."

Michael fragte mich: „Bist du schon einmal in einem solchen Boot gefahren?" „Nein", antwortete ich. Das Wasser floss sehr ruhig und wir sangen „Eine Seefahrt, die ist lustig, eine Seefahrt, die ist schön". Ich sah mich ein bisschen im Boot um; Michael übernahm mein Ruder. Ich rief: „Sieh mal, was ich da gefunden habe!" Er rückte schnell zu mir heran.

Lösungsheft

*In der **Einleitung** wird die Ausgangssituation mit Ort, Zeit und Personen vorgestellt.*
*Im **Hauptteil (Erzählkern)** wird die Geschichte Schritt für Schritt ausgebaut, indem man die Handlungselemente steigernd entwickelt, z. B. mit Hilfe von Verzögerungen das Ziel auf dem Weg einer Spannungskurve erreicht.*
*Der **Schluss** soll die Geschichte abrunden und darf auf keinen Fall die Erzählung weiterführen wollen; es könnte höchstens ein Ausblick auf das weitere Geschehen gegeben werden.*

Erlebnisse erzählen

Spannend erzählen

TIPP 4

4. *Das Ziel (Höhepunkt) der Erzählung war, dem Leser über das Umkippen des Bootes eine Geschichte zu erzählen. Dieser Erzählschritt ist im Aufsatz noch zu kurz und etwas langweilig. Versuche den Höhepunkt anschaulicher und spannender zu gestalten. Was könnte in den dramatischen Augenblicken passiert sein? Was dachten, sagten und fühlten die Jungen?*

Der Höhepunkt ist das wichtigste Element einer Erlebniserzählung und muss daher besonders anschaulich gestaltet sein.

Erlebnisse erzählen

5. *Der Höhepunkt wurde in der folgenden Verbesserung des Aufsatzes neu gestaltet. Welche Textstellen findest du jetzt spannender und interessanter? Unterstreiche diese.*

...

Dabei bemerkte ich nicht, dass auf dem Boden des Bootes eine Pfütze mit abgestandenem Wasser war. Michael rief mir noch zu: „Pass auf!“, aber da war es schon geschehen. Ich rutschte aus und versuchte mich am Bootsrand festzuklammern. Doch das wurde uns zum Verhängnis. Wir wussten gar nicht, wie es geschah – schon war es stockdunkel um uns.

Vor Schreck wollte ich schreien, aber da lief mir schon das Wasser in den Mund. Mit wilden Bewegungen wollte ich wieder nach oben kommen. Endlich gelang es mir und ich konnte Luft schnappen. Doch wo war Michael? Da hörte ich seine Hilferufe von der anderen Seite des umgekippten Bootes. Ich rief ihm zu: „Ich bin hier auf dieser Seite!“ Michael erwiderte: „Ich schwimme zu dir.“ Ein bisschen erleichtert war ich, als ich Michael sah. Doch was sollten wir jetzt tun? Michael hatte eine Idee. „Komm, wir halten uns am Bootsrand fest, damit wir nicht von der Strömung mitgerissen werden.“

Verzweifelt versuchten wir näher ans Ufer zu kommen und zappelten mit den Beinen und schlugen mit dem freien Arm kräftig in das Wasser. Bald waren wir außer Atem, aber das Ufer hatten wir noch lange nicht erreicht. Jetzt bemerkten wir eine Strömung im Wasser, die uns glücklicherweise zum Ufer trieb. Die Zeit kam uns vor wie eine Ewigkeit, als wir unter unseren Füßen endlich festen Boden verspürten. Erschöpft fielen wir in das kniehohe Gras. Das Blut schoss uns durch die Adern und das Herz hämmerte wie wild. Noch keuchend fragte Michael: „Warum bist du aufgestanden?“ „Ich wollte nur das Ruder wieder nehmen“, entgegnete ich. Erleichtert sagte Michael: „Du kannst froh sein, dass wir noch am Leben sind.“

Nachdem wir uns etwas von dem Schrecken erholt hatten, machten wir uns auf den Weg zurück zum Campingplatz. Den Eltern war unsere Abwesenheit noch gar nicht aufgefallen. Wir schauten uns an und wie aus einem Munde kam: „Ende gut, alles gut!“

Erlebnisse erzählen

Anschaulich und abwechslungsreich schreiben

6. *Im Erlebnisaufsatz werden auch Gefühle – Freude, Angst, Mut … – ausgedrückt. Solche Gefühle können sichtbar, hörbar und spürbar sein.*
Notiere weitere Beispiele, wie sich Gefühle ausdrücken lassen.

	Freude	Angst	Hoffnung	......
Sichtbare Anzeichen	rot werden	wilde Bewegungen	Wir nahmen die Ruder in die Hand und legten los.	
Hörbare Anzeichen		Hilferufe	„Wir schaffen's!"	
Spürbare Anzeichen		Mir stockte der Atem	ein rettender Gedanke	

Die Sprache der Erlebniserzählung soll lebendig und anschaulich sein und den Leser fesseln.

Erlebnisse erzählen

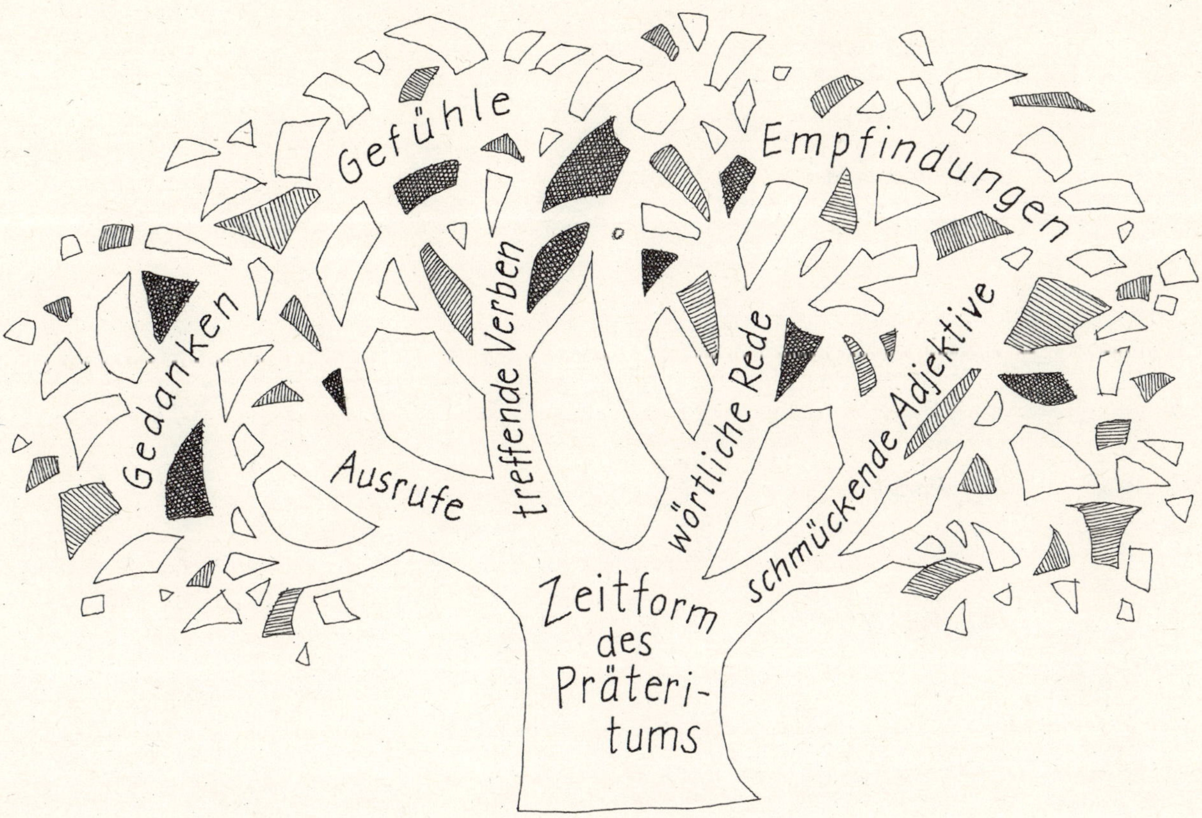

7. *Wir verwenden*

***Adjektive**, die die Vorgänge anschaulich verdeutlichen:*

Ergänze die Beispiele.

Überglücklich umarmte er seine Mutter; ängstlich rief er aus;

.... schaute er zu ; sie schwieg ....

er antwortete .... ; ....

.... ; ....

***Verben**, die die Handlung treffend ausdrücken:*

er eilte davon, schlich sich davon, ...

....

sie sagte, sie schrie ....

....

Erlebnisse erzählen

Der Wind blies, tobte, pfiff ....

....

Das Mädchen ging, hüpfte, ...

....

....

Paul hörte, lauschte, ...

....

Der Regen goss, ...

....

Der Wecker ....

....

Lösungsheft

TIPP 3

8. *Wir achten auf* ***abwechslungsreiche Satzanfänge****.*
Ergänze die Sätze.

Verspätung

Als ich heute Morgen mit dem Fahrrad zur Schule fuhr, entdeckte ich etwas Merkwürdiges am Straßenrand. Bei näherem Hinsehen erkannte ich ein verletztes Reh. .... überlegte ich, was ich machen sollte. .... fiel mir ein, dass der Förster am Ortseingang wohnt. .... radelte ich davon um die Entdeckung zu melden. Zum Glück war der Förster zu Hause. .... ging alles sehr schnell. Der Förster war mit seinem Auto sofort am Fundort. .... konnte ich das weitere Geschehen nicht mehr verfolgen, ... ich war ohnehin schon zu spät. .... fuhr ich auf dem schnellsten Weg zur Schule. Meine Verspätung wurde entschuldigt, weil ich vielleicht einem Tier das Leben gerettet hatte.

Lösungsheft

Erlebnisse erzählen

9. *Verwende **wörtliche Rede** und Ausrufe um die Erzählung lebendig zu gestalten.*
Schreibe weitere kurze Ausrufe.

„Hör auf!" „Lass los!" „Toll!"

Im Präteritum erzählen

10. *Schreibe in der Zeitform des Präteritums um zu verdeutlichen, dass bereits Geschehenes erzählt wird.*
Trage weitere Verben aus der Beispielerzählung auf den Seiten 8 und 9 ein, die in der Zeitform des Präteritums stehen! Ergänze den Infinitiv.

Infinitiv = Grundform des Verbs

Präteritum	Infinitiv
murmelte	murmeln
erwiderte	erwidern

Lösungsheft

Erzählen zu Reizwörtern

Ideenketten

An einem verregneten Ferientag kommen Tanja, Christine und Daniel auf die Idee Geschichten zu erfinden. Sie beschließen, dass jeder ein x-beliebiges Wort auf eine Karte schreibt. Zu diesen drei Wörtern wollen sie sich eine Geschichte ausdenken.

1. *Notiere, was dir zu den drei Begriffen einfällt.*

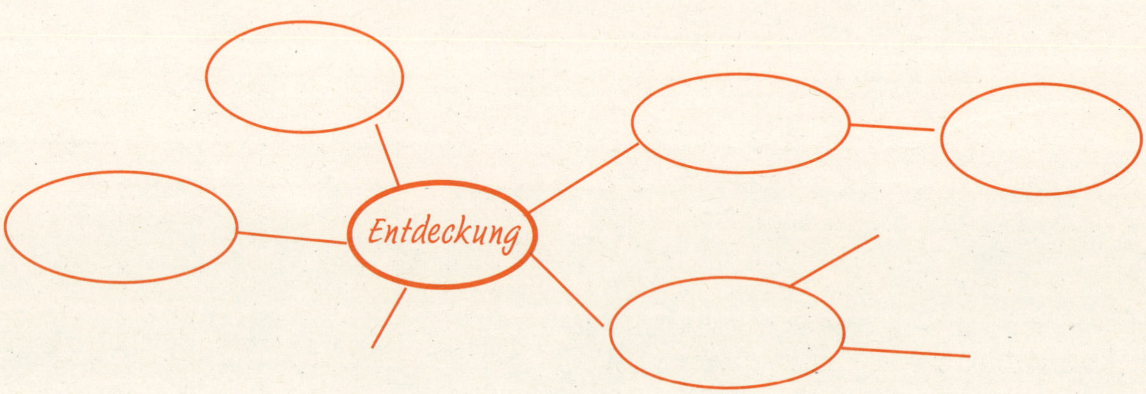

Erzählen zu Reizwörtern

2. *Welcher dieser drei Begriffe wird wohl im Mittelpunkt der Geschichte stehen?*

TIPP 1–4

3. *Erfinde selbst eine kurze Geschichte zu den Wörtern Klassenausflug, Höhle und Entdeckung.*

Erzählen zu Reizwörtern

Reizwörter suchen

In einer weiteren Erzählrunde trug Daniel folgende Geschichte vor:

Es war in den Sommerferien, als ich gerade sieben Jahre alt war. Ich sollte mit dem Zug zu meinen Großeltern fahren. Zu Hause ging es hektisch zu. Meine Mutter packte den Koffer und ich versorgte mich mit Reiseproviant. Wir hatten es eilig. Bis zur Abfahrt des Zuges blieb nur noch eine halbe Stunde Zeit. Schnell verabschiedete ich mich von meinem Vater und fuhr mit meiner Mutter zum Bahnhof. Mutter fuhr gleich wieder zurück und ich stand alleine auf dem Bahnsteig.
Da sah ich in der Ferne den Zug kommen. Ich nahm meinen Koffer in die Hand, und als der Zug hielt, stieg ich ein.
Der Schaffner pfiff und der Zug rollte los. Ich setzte mich an einen Fensterplatz und sah mir die Gegend an. Bald kam auch der Schaffner. Ich saß mit vielen Leuten im Abteil. Der Schaffner ging von einem zum anderen, prüfte bei jedem die Fahrkarte genau und reichte sie mit kurzen Bemerkungen und einem „Dankeschön" wieder zurück. Ein älterer Herr fragte nach der nächsten Station und der Schaffner gab ihm freundlich Auskunft.
Jetzt bin ich an der Reihe. Ich strecke meine Fahrkarte dem Schaffner entgegen. Dieser stutzt einen Augenblick, nimmt mir dann schnell die Karte aus der Hand und schüttelt den Kopf. „Mein Gott", denke ich, „was hat er denn? Er ist doch zu allen anderen Leuten so freundlich gewesen. Warum schüttelt er ausgerechnet bei mir den Kopf?" Ich schaue in die Runde und habe das Gefühl, dass alle Augen auf mich gerichtet sind. Doch da sagt der Schaffner schon zu mir: „Du hättest in einen anderen Zug steigen sollen. Du musst am nächsten Bahnhof aussteigen."
Mir wird plötzlich heiß vor Schreck, das Herz schlägt mir bis zum Hals, ich stürze aus dem Abteil. „Was mache ich nun bloß?", murmele ich immer wieder vor mich hin.
Da bremste auch schon der Zug und ich musste aussteigen. Ganz allein stand ich auf dem Bahnhof, von dem ich nicht einmal den Namen kannte. Ich fühlte mich wie von allen guten Geistern verlassen und fing zu weinen an.
Zum Glück half mir ein Bahnbeamter. Er informierte meine Großeltern, die mich einige Stunden später abholen kamen.

4. *In dieser Erzählung sind viele Wörter unterstrichen, die als Reizwörter in Frage kommen könnten. Daniel hatte aber nur drei davon zur Auswahl. Welche drei Wörter könnten für den Ablauf der Geschichte am wichtigsten sein? Notiere sie.*

....

Lösungsheft

Erzählen zu Reizwörtern

Passende Überschriften

5. *Die Kinder haben für Daniels Erzählung Überschriften erfunden. Welche sind nicht gut? Warum?*

1. Die Ferienreise zu meinen Großeltern
2. Eine Reise mit Schrecken
3. Als ich einmal in den falschen Zug gestiegen bin

....

....

....

Lösungsheft

Eine gute Überschrift ist kurz, verrät nicht alles, sondern macht neugierig auf die Geschichte.

6. *Erfinde Überschriften für Daniels Erzählung.*

....

....

....

7. *Notiere zu dem „Bootsabenteuer" (S. 8 f.) noch andere mögliche Überschriften.*

....

....

....

8. *Welche Überschriften passen zu deiner „Sonntagsgeschichte" (S. 6 f.)?*

....

....

....

Erzählen zu Reizwörtern

Zeitformen

9. *Ein Teil des Textes auf Seite 18 ist im Präsens abgefasst. Suche diesen Abschnitt und schreibe ihn im Präteritum. Lies beide Fassungen laut vor. Was fällt dir dabei auf?*

Präsens = Gegenwart
ich laufe
Präteritum = Vergangenheit
ich lief

....

....

....

....

....

....

....

....

....

....

....

Lösungsheft

10. *Überlege dir drei eigene Reizwörter und notiere sie. Falls dir nichts einfällt, hier ein paar Ideen:*

....

Erzählen zu Reizwörtern

11. *Baue zu den Reizwörtern Ideenketten.*

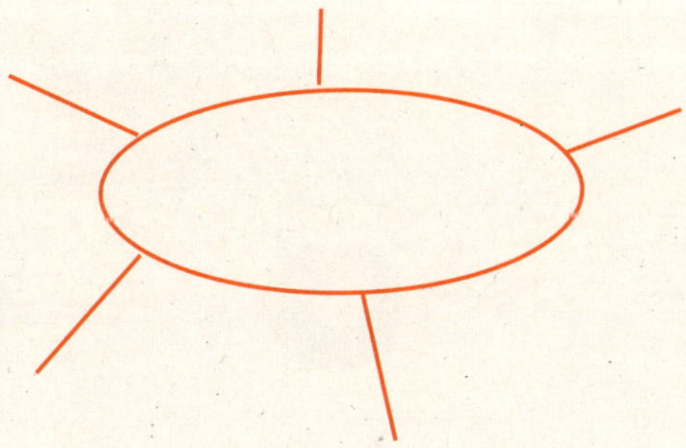

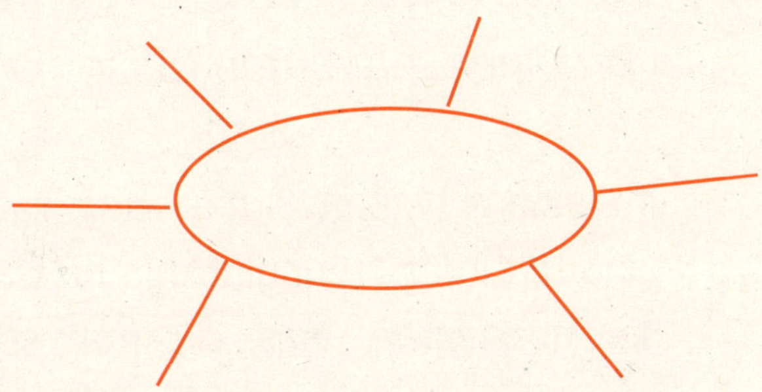

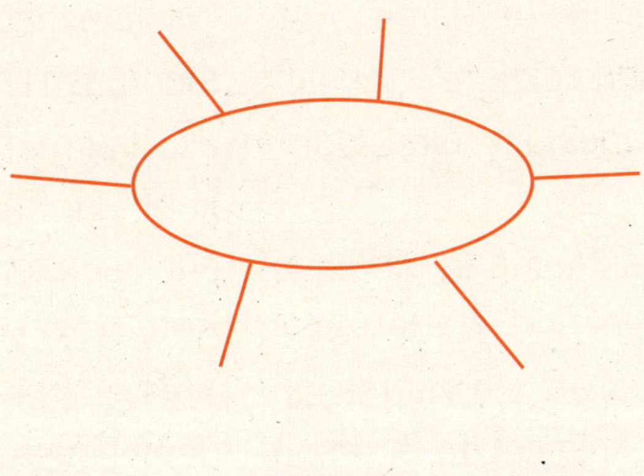

TIPP 1–4

12. *Erfinde deine eigene Reizwortgeschichte. Gib ihr eine passende Überschrift.*

Erzählen von Fantastischem

Stefan hat am Wochenende auf der Jugendseite seiner Tageszeitung eine Geschichte gelesen, die ihm so gut gefiel, dass er sie unbedingt in seiner Klasse vorlesen musste:

Plötzlich flog das Auto davon

Von einer seltsamen Reise nach Afrika berichtet Birgit Puck

An einem heißen Sommertag saß Sabine mit ihrer Freundin Anja im Garten. Sie überlegten, was sie mal spielen könnten. Nachdem Sabine eine Reihe von Vorschlägen gemacht hatte, kam Anja plötzlich eine glänzende Idee: „Wie wäre es, wenn wir uns in Mamas Auto setzen und Verreisen spielen?" „Au ja!", rief Anja sofort, „das ist eine prima Idee!"

Die beiden Mädchen liefen in die angenehm kühle Garage und kletterten in den roten Wagen. „Darf ich zuerst fahren?", fragte Anja. Anja setzte ihre Sonnenbrille auf und klemmte sich hinter das Steuer.

Sabine lachte: „Mit der Brille siehst du doch überhaupt nichts mehr." „Das ist doch egal, stell dir doch einfach vor, dass wir durch die brennende Sonne Afrikas fahren. Setz doch deinen Sonnenhut auf", meinte Anja. Sabine kramte ihren Hut hinter dem Rücksitz hervor. Und los ging die Reise!

Doch was war das? Plötzlich schien sich die Rückwand der Garage in Luft aufzulösen und das Auto flog tatsächlich Richtung Himmel. Die Mädchen konnten es kaum glauben. „Mensch, wir fliegen!", rief Sabine aufgeregt, „du musst auch lenken." „Ich lenke ja, aber das Auto fliegt von ganz alleine", antwortete Anja. Zaghaft schauten die Kinder aus dem Fenster, unter ihnen wurden die Häuser und Bäume immer kleiner. Kurze Zeit später flogen sie bereits über das Meer.

„Oh, ich glaube, wir fliegen nach Afrika", bemerkte Sabine. Sabine sollte mit ihrer Vermutung Recht behalten.

Erzählen von Fantastischem

Nach einer Weile erreichten sie den afrikanischen Dschungel. Riesige Bäume ragten in den Himmel. Ein kleiner Fluss schlängelte sich durch den dichten Urwald.
Und dann setzte das Auto zur Landung an. „Hoffentlich kommen wir heil runter", meinte Anja ängstlich. Behutsam landete der rote Wagen mitten auf dem Dorfplatz, irgendwo im afrikanischen Urwald. Als die Dorfbewohner den Wagen entdeckt hatten, eilten sie sofort herbei um die Mädchen zu begrüßen. Sabine und Anja blieben etwas unentschlossen im Wagen sitzen. Als sie in die freundlichen braunen Gesichter der Einwohner blickten, stiegen sie mutig aus. Aus der Menschenmenge trat ein kleiner Junge heraus und sagte: „Seid herzlich willkommen. Der Papagei Bapu hatte uns schon informiert, dass ihr kommen werdet. Wir haben für euch extra ein Festessen vorbereitet. Ich heiße übrigens Watolla."
Durch die freundliche Begrüßung hatten Anja und Sabine alle Angst verloren und nannten ihre Namen. Vergnügt ließen sie sich auf den Festplatz des Dorfes führen. Dort erwartete sie ein Festmahl mit tropischen Früchten und gegrillten Fischen. Zu den Klängen der Trommeln zeigten ein paar Kinder die einheimischen Tänze. Anja und Sabine waren begeistert. Von der Musik mitgerissen sprangen sie auf und tanzten mit den Kindern des Dorfes.
An diesem Tag gewannen sie viele neue Freunde. Sie lernten ein ganz anderes Leben kennen, als sie es von zu Hause gewohnt waren. Hier gab es weder Autos noch Fernseher. Die Häuser waren aus Holz und der Schulunterricht fand unter freiem Himmel statt.
Doch auch die schönste Feier ist einmal vorbei. Als Zeichen zum Aufbruch hupte der rote Wagen laut. „Oh, ihr müsst leider zurückfliegen", sagte Watolla traurig. Auch Anja und Sabine fiel der Abschied schwer. Sie umarmten Watolla, bedankten sich für die Gastfreundschaft und kletterten in den Wagen. Das Auto startete und sie flogen langsam in den Himmel. Viele braune Hände winkten zum Abschied. „Das war also ein Dorf in Afrika. Hoffentlich sehen wir sie alle mal wieder", seufzte Sabine. „Klar, wir fliegen einfach hin, der rote Wagen kennt ja nun den Weg", meinte Anja zuversichtlich.
Ehe sie sich versahen, stand das Auto auch schon in der elterlichen Garage. Aus der Ferne hörten sie Sabines Mutter rufen. „Ach, ich glaube, es gibt schon wieder Abendessen", stellte Sabine fest. „Puh, und ich bin noch so satt", kicherte Anja und dachte zurück an das Festmahl in Afrika.

Erzählen von Fantastischem

TIPP 1

1. *Was ist das Fantastische an der Geschichte? Notiere in Stichpunkten.*

....

....

....

....

....

....

Lösungsheft

2. *Wo und wann beginnt die Geschichte, wo und wann endet sie?*

Ort: .... Zeit: ....

Ort: .... Zeit: ....

Lösungsheft

3. *Das Fantastische in dieser Geschichte setzt ein, als*

....

....

....

und nimmt sein Ende, als

....

....

....

Lösungsheft

Auch fantastische und unwirkliche Geschichten müssen so erzählt werden, dass wir sie uns vorstellen können.

Erzählen von Fantastischem

Aufbau der Erzählung

4. *Erarbeite an der Fantasiegeschichte (S. 22/23) Folgendes in Stichworten:*

a) Wie ist sie eingeleitet?

b) Wie wird sie abgeschlossen?

c) Wie sind die Erzählschritte aufgebaut?

Lösungsheft

d) Wo ist der Höhepunkt und wie ist er ausgestaltet?

Lösungsheft

5. *Überlege dir weitere Themen für Fantasiegeschichten. Notiere Überschriften.*

Z. B. *Hilfe, mein Computer spinnt!*

Erzählen von Fantastischem

6. *Schreibe eine Fantasiegeschichte zum Thema: „Mit der Luftmatratze auf Kreuzfahrt".*

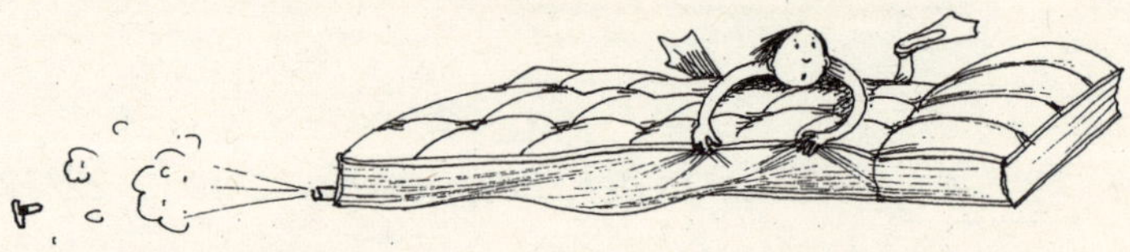

Lege stichwortartig fest:

a) Einleitung:

Ort ....

Zeit ....

Personen ....

Wie beginnt die Reise?

....

....

....

b) Schluss: Wie und wo endet sie?

....

....

....

c) Hauptteil: Was ereignet sich während der Reise? (Stichworte)
Wo liegt der Höhepunkt = das Ziel der Fantasiegeschichte?

....

....

....

....

....

....

....

TIPP 1–4

7. *Schreibe mit Hilfe der Stichworte eine Fantasieerzählung.*

Erzählen zu Bildern

Bildergeschichten

Ferien am Strand

1

2

1. *Schau dir die Bilder genau an und schreibe auf, was du siehst.*
Beachte dabei: Welche Situation ist gezeigt? Wer ist zu sehen? Was geschieht?
Wo geschieht es? Wie geschieht es?
Ergänze fehlende Informationen durch eigene Fantasie (z. B.: An einem **heißen** Sommertag entdeckte **Fridolin** …, **„Wahnsinn"**, jubelten die Kinder …).

Bild 1:

Bild 2:

Erzählen zu Bildern

2. *Schreibe einen Satz, der das Geschehen von Bild 1 und 2 verbindet.*

z. B. *Andere Kinder beobachteten ...*

3. *Beschreibe und erzähle nun, was auf den weiteren Bildern geschieht.*

3

4

Erzählen zu Bildern

5

6

TIPP 1–4

4. *Erzähle jetzt die ganze Geschichte schriftlich. Denke auch an eine Einleitung und an einen Schlussteil. Achte auf eine gute Verbindung zwischen den Bildern.*

Erzählen zu Bildern

Erzählen zu Fotos

Nicht nur Zeichnungen regen zum Erzählen an, sondern auch Fotos können Geschichten erzählen. Sie sind oft Erinnerungen an lustige oder auch weniger lustige Erlebnisse; manchmal war man selbst dabei, manchmal wird beim Betrachten von Fotoalben erzählt. Dann fangen die Geschichten oft so an: „Erinnerst du dich noch an ..." oder „Wisst ihr noch, wie das war?"

1

2

3

Erzählen zu Bildern

5. *Wähle ein Foto aus, zu dem du eine Geschichte erfinden möchtest. Was ist auf dem Foto zu sehen? Schreibe dir Stichworte dazu auf!*

6. *Überlege, wie das Geschehen angefangen haben könnte.*

7. *Wie soll die Geschichte enden?*

8. *Überlege dir verschiedene Überschriften.*

TIPP 1–4

9. *Schreibe nun deine vollständige Erzählung zum Foto.*

Geschichten nacherzählen

Australien ist weit *(Volker Erhardt)*

In dem Jahr, in dem ich zur Schule kam, wohnten wir etwa einen Kilometer außerhalb unseres Dorfes in einer Barackensiedlung. Dort hatten wir nach dem Krieg als Flüchtlinge Unterkunft gefunden.
Der Krieg lag noch nicht sehr lange zurück. Fast allen Menschen hier ging es schlecht. [...]
So besaßen wir ausschließlich Spielzeug, das die handwerklich Begabten unter unseren Eltern gebastelt hatten, oder wir spielten mit den Dingen, die wir draußen vorfanden: Äste, Bretter, Trümmer, Munitionskisten, alte Fässer, Schrott.
Ein Spielzeug aber gab es, das alles in den Schatten stellte und uns immer wieder die Sprache verschlug. Es kam uns allen wie ein Wunder vor.
Klaus, der auch in die erste Klasse ging, besaß eine elektrische Eisenbahn. Wo die herkam und wieso sich seine Familie so etwas leisten konnte, weiß ich nicht mehr. [...]
Wir bewunderten Klaus deswegen und wir beneideten ihn schrecklich.
Ab und zu durften wir am Sonntag zugucken, wenn Klaus und sein Vater mit der Eisenbahn spielten. [...]
Wir anderen hockten mit großen Augen dabei und sahen zu. Allerdings mussten wir gebührenden Abstand halten, damit nur ja nichts beschädigt wurde. Hielt sich einer nicht daran, musste er nach Hause gehen. Das wollte keiner riskieren, also verhielten sich alle mucksmäuschenstill.
Eines Tages erfuhren wir, dass die Eltern von Klaus beschlossen hatten auszuwandern. Sie wollten nach Australien. Das war nicht nur ein riesengroßes Land, das war ein ganzer Erdteil, in dem es viel Platz gab. Damals erhofften sich viele Menschen dort bessere Aussichten für die Zukunft als in dem zerstörten Deutschland.
Die Eltern begannen ihre Habe zu verkaufen. Mitnehmen konnten sie nur persönliche Gegenstände; die Transportkosten waren sehr hoch und die Familie durfte nur wenig umsonst mitnehmen.
Irgendwann kam mir die Idee, was denn dann aus der Eisenbahn würde. Ich fragte Klaus. Der überlegte kurz und sagte überraschend: Weißt du, die können wir sowieso nicht mitnehmen, die kriegst du.
Ich konnte das nicht glauben. Aber er bekräftigte es und begann danach immer häufiger Andeutungen zu machen, auch wenn andere Kinder dabei waren: Du weißt doch ... [...]
Ich fing an von der Eisenbahn zu träumen. Auch in der Schule war ich nun oft abwesend, weil mir die Eisenbahn eingefallen war und ich mir ausmalte, wie das

Geschichten nacherzählen

sein würde, wenn sie mir gehörte und ich damit spielen könnte, wann ich wollte. Ja, ich träumte davon, dass ich die Lok und die einzelnen Wagen überhaupt mal in die Hand nehmen durfte, die Weichen stellen durfte und entscheiden konnte, wer mitspielen würde.

Je näher der Zeitpunkt der Abreise rückte, desto größer wurde meine uneingestandene Vorfreude. Aber es wuchs auch die Angst, dass vielleicht doch nichts daraus würde. Meiner Mutter hatte ich einmal ganz kurz angedeutet, worauf ich hoffte. Sie hatte das offensichtlich überhaupt nicht ernst genommen, sondern nur liebevoll gesagt: Junge, das schlag dir mal aus dem Kopf.

Aber ich hatte das nicht wahrhaben wollen und mir gedacht: Die wird sich wundern.

Nach einiger Zeit begann Klaus seine Versprechungen mit Forderungen zu verbinden. Wenn wir beide allein waren, forderte er ganz offen irgendwelche Dinge oder Dienste von mir: Er wollte meinen Apfel haben; ich sollte ihm helfen das Fahrrad seines Vaters zu putzen oder ich musste für ihn Besorgungen machen, während er hinterm Schuppen Comics las: Prinz Eisenherz oder Sigurd oder Tom Prox oder Mickymaus.

Auch wenn andere dabei waren, bat er mich um diese Dienste, immer verbunden mit einem: Du weißt schon, sonst ...

Ich wusste, was das hieß: sonst bekommt Josi die Eisenbahn, der natürlich genauso wild darauf war wie ich.

Manchmal, wenn ich zögerte ihm zu Willen zu sein oder ihm widersprach, setzte er auch an, das Geheimnis zu offenbaren: Josi, willst du ...? Dann hielt er inne und sah mich an, ob ich es mir anders überlegt hätte.

Und ich überlegte es mir jedes Mal, sagte ihm: Hör auf, und tat, was er verlangte. So kurz vorm Ziel wollte ich die Hoffnung nicht fahren lassen. Und Josi, der neugierig fragte, worum es ging, wurde von uns beiden veralbert.

Während der ganzen Zeit konnte ich natürlich mit niemandem darüber reden. Ich hätte das Geheimnis verraten und dann hätte es womöglich einen Konkurrenzkampf um die Eisenbahn gegeben, bei dem ich nicht sicher sein konnte am Ende der Glückliche zu sein.

Wenn Klaus und ich allein waren, gab er mir manchmal auch kleine Versicherungen, die meinen Glauben stärken sollten. So versprach er, wenn ich seinen Willen erfüllte, demnächst mit seinem Vater darüber zu sprechen.

Das zog sich eine Weile hin. Einmal, als ich besonders unwillig reagierte, sagte er in Gegenwart einiger anderer Kinder wie nebenbei: Übrigens, ich habe mit meinem Vater gesprochen. Die anderen verstanden gar nichts, aber ich wusste sofort, was er meinte, und trug seinen Ranzen nach Hause. [...]

Geschichten nacherzählen

Eines Tages dann kam Klaus nicht zur Schule. Als wir nach Hause kamen, erfuhren wir, dass die Familie morgens abgeholt worden war: Ein Onkel brachte sie zum Schiff.
Die Wohnung war leer.
Bis heute habe ich keinem von meiner Enttäuschung erzählt. Denn dann hätte ich ja zur Enttäuschung auch noch den Spott bekommen, dass ich so leichtgläubig war. Ich weinte nur ein paar Nächte in mein Kissen, aber auch das durfte niemand sehen und hören.
Meine Mutter wunderte sich ein paar Tage, dass ich morgens so unausgeschlafen war. Irgendwie merkte sie, dass das mit der Abreise von Klaus und seiner Familie zusammenhängen musste. Doch sie verstand das nicht: So enge Freunde seid ihr doch gar nicht gewesen, du und der Klaus, meinte sie.
Da hatte sie Recht.

1. *Der vorliegende Text ist durch Unterstreichen bearbeitet. Aus den unterstrichenen Textstellen lassen sich die wesentlichen Erzählschritte ermitteln. Lies den Text genau durch und schreibe die unterstrichenen Stellen aus dem Text heraus, sodass das Gerüst der Erzählung deutlich wird.*

Geschichten nacherzählen

*Beim Nacherzählen kommt es darauf an, dass man eine Textvorlage mit **eigenen** Worten wiedergibt. Der Originaltext ist in der Ich-Form geschrieben. Wenn du die Geschichte nacherzählst, wirst du dich am besten von der Sprache des Verfassers lösen, indem du den Inhalt des Textes in der 3. Person wiedergibst.*

3. Person Singular
er, sie, es
3. Person Plural
sie

2. *Erzähle den Anfang der Geschichte mit eigenen Worten in der 3. Person nach.*

Der Erzähler in der Geschichte „Australien ist weit" schildert ein Ereignis in seiner Kindheit.
In dem Jahr, in dem er

Beim Nacherzählen sollte noch Folgendes beachtet werden:

- *Die Handlung darf nicht verändert werden. **Wichtige** Ereignisse dürfen nicht weggelassen werden.*
- *Spannung und Anschaulichkeit müssen erhalten bleiben. Eine Nacherzählung ist kein sachlicher Bericht, sondern soll spannend und unterhaltsam sein.*

TIPP 1–4

3. *Erzähle nun die ganze Geschichte „Australien ist weit" nach.*

Geschichten nacherzählen

4. *Lies die folgende Geschichte genau.*

Die Brücke *(Natalie Oettli)*

Max und Peter waren Schüler der dritten Klasse. Sie wohnten einander gegenüber in derselben Straße einer kleinen Stadt. Früher waren sie dicke Freunde gewesen. Dann war es aus einem unerfindlichen Grunde zu Streit gekommen und sie hatten begonnen einander wie böse Feinde zu hassen.

Ihre Schulkameraden versuchten mehrmals die beiden zu versöhnen, aber alle Mühe war umsonst.

Einmal regnete es besonders stark. Dann verzogen sich die Wolken und die Sonne zeigte sich wieder, aber die Straße stand unter Wasser. Wer sie überqueren wollte, tastete mit dem Fuß ängstlich nach der Tiefe des Wassers und wich wieder zurück. Max trat aus dem Haus, blieb beim Hoftor stehen und schaute mit Vergnügen um sich. Plötzlich aber verfinsterte sich sein Gesicht. Er sah seinen Feind Peter am jenseitigen Hoftor stehen. Und er sah auch, dass Peter einen großen Stein in der Hand hielt. So, so, dachte sich Max, du willst also einen Stein nach mir werfen. Nun gut, das kann ich auch! Er lief in den Hof zurück, suchte und fand einen Ziegel und lief wieder auf die Straße, zur Abwehr bereit. Doch Peter warf den Stein nicht nach dem Feind. Er kauerte sich an den Straßenrand und legte ihn behutsam ins Wasser. Dann prüfte er mit dem Fuß, ob der Stein nicht wackle, und verschwand wieder. Ach so, sagte sich Max. Das kann ich auch. Und er legte seinen Ziegel ebenfalls ins Wasser. Peter schleppte schon den zweiten Stein herbei. Vorsichtig trat er auf den ersten und senkte den zweiten ins Wasser, in einer Linie mit dem Ziegel seines Feindes. Dann holte Max drei Ziegelsteine auf einmal.

Geschichten nacherzählen

So bauten sie einen Übergang über die Straße. Schließlich blieb nur ein Schritt zwischen dem letzten Ziegel und dem letzten Stein. Die Knaben standen einander gegenüber. Seit langer Zeit blickten sie sich zum ersten Mal wieder in die Augen, und Max sagte: „Ich habe eine Schildkröte. Sie lebt bei uns im Hof. Willst du sie sehen?"

5. *a) Ermittle die wichtigsten Erzählschritte in Natalie Oettlis Geschichte. Unterstreiche entsprechende Textstellen.*

b) Schreibe die unterstrichenen Stichworte heraus.

....

....

....

....

....

....

....

....

....

....

....

....

....

....

TIPP 1–3

6. *Erzähle die Geschichte mit Hilfe deiner Notizen in eigenen Worten nach.*

Vorgänge beschreiben

Michael reinigt sein Aquarium

Bevor Michael mit dem Reinigen des Aquariums beginnt, muss er zunächst einige Gegenstände bereitlegen, die er zu einer sachgemäßen Reinigung benötigt. Dazu gehören ein großer Wassereimer, ein etwa ein Meter langer, möglichst durchsichtiger Wasserschlauch, um Verunreinigungen gleich aufspüren zu können und zu verhindern, dass Fische mit aus dem Becken gespült werden, eine neue Schaumstofffilterpatrone, eine Flasche Wasseraufbereitungsmittel, ein Mittel zum Bekämpfen von Algen und ein Aquariumsscheibenreinigungsgerät.
Nachdem Michael die elektrischen Systeme des Aquariums abgeschaltet hat, lässt er das Wasser mit Hilfe des Wasserschlauches zu etwa zwei Dritteln aus dem Aquarium ab. Dabei saugt er das Wasser mit dem Mund an und leitet es in den Wassereimer, der tiefer als das Becken stehen muss.
Anschließend reinigt er die Seitenscheiben des Aquariums mit Hilfe des Scheibenreinigers, an dem ein Filz befestigt ist, der den Algenwuchs und die Schlieren sowie noch vorhandene Futterreste aufnimmt. Dabei muss der Filz mehrmals unter fließendem Wasser gesäubert werden. Danach nimmt er den Wasserfilter aus dem Gerät, reinigt die Filterpatrone unter sauberem Wasser oder ersetzt sie bei starker Verschmutzung durch eine neue.
Mit dem Eimer holt Michael dann frisches Leitungswasser, das er mit dem Wasseraufbereitungsmittel auf die für die Fische entsprechende Wasserqualität bringt. Das frische Wasser leitet er mittels des inzwischen auch durchgespülten Wasserschlauches langsam in das Wasserbecken, wobei er darauf achten muss, nicht zu viel Grund und Kies aufzuwirbeln und die noch im Becken befindlichen Fische zu erschrecken. Wichtig ist, dass das Wasser die für die Fische und Wasserpflanzen entsprechende Temperatur hat, damit die im Becken verbliebenen Fische keinen Schock erhalten. Wenn er das Becken zu etwa zwei Dritteln wieder gefüllt hat, setzt er die benötigten Hilfsmittel wie Algenverhinderer oder auch notwendige Medizin für die Fische zu.
Ist das Becken ganz gefüllt, werden die elektrischen Systeme für den Umwälzfilter, den Heizstab und die Beleuchtung sowie den Sauerstoffsprudler wieder eingeschaltet. Nach etwa einer halben Stunde ist das Wasser klar und die Fische fühlen sich wohl. Diesen Vorgang muss man je nach Verschmutzung des Wassers durch Futterreste, Fischkot und Algenbefall alle 10 bis 14 Tage wiederholen.

Vorgänge beschreiben

Wortwahl

1. *Unterstreiche die Fachausdrücke und schlage im Wörterbuch unbekannte Begriffe nach.*

Lösungsheft

2. *Welche Fachausdrücke fallen dir zum Spielen am Computer ein? Schlage ihre Schreibweise nach.*

Diskette ....

....

3. *Suche aus dem Text die Wortgruppen heraus, die den Vorgang des Reinigens beschreiben.*

....

....

....

....

....

Lösungsheft

4. *a) Suche weitere Verben, die den Vorgang des Reinigens beschreiben können.*

scheuern, schrubben, ...

....

b) Welche Verben passen zum Vorgang des Spielens?

würfeln, ...

....

c) Welche Verben braucht man für eine Kochanleitung?

....

....

Vorgänge beschreiben

Zeitliche Reihenfolge

5. *Notiere in Stichworten Michaels Arbeitsschritte. Beachte dabei auch die Vorbereitung!*

6. *Sprachliche Formulierungen wie „Bevor Michael …, muss er zunächst …" verknüpfen die einzelnen Arbeitsschritte.*
Suche im Text alle Beispiele dafür und notiere sie.

Lösungsheft

Eine Vorgangsbeschreibung (z. B. Gebrauchsanleitung, Spielregel) muss eindeutig nachvollziehbar sein. Die Arbeitsschritte müssen in der genauen zeitlichen Abfolge sachlich und genau beschrieben werden. Verwende Fachausdrücke. Schreibe im Präsens.

Vorgänge beschreiben

7. *Beschreibe einem Freund/einer Freundin einen Vorgang, den du sicher erledigen kannst, wie z. B. ein Modellflugzeug basteln, in ein Computerprogramm einsteigen, ein Kartenspiel spielen, einen Fahrradschlauch flicken, einen Zaubertrick vorführen, Spaghetti kochen, …*

a) Wähle einen Vorgang und schreibe dazu die Überschrift.

Z. B.: Spielanleitung für ...

b) Halte die einzelnen Schritte des Vorgangs stichwortartig fest:

1. Du benötigst ...

c) Überlege dir treffende Verben, die den Vorgang richtig beschreiben.

d) Welche Fachwörter willst du verwenden? Schlage ihre Schreibung nach.

TIPP 1–3

8. *Schreibe jetzt die vollständige Vorgangsbeschreibung. Beginne bei jedem Arbeitsschritt einen neuen Absatz.*

Wege beschreiben/Wegskizzen anfertigen

Nachdem zwischen dir und deinem Brieffreund ausgemacht war, dass du ihn besuchen kommst, schreibt er dir in einem Brief, wie du von der Alten Bahnhofstraße den Weg zu ihm in die Vogtstorstraße finden kannst.
Er beschreibt den Weg wie folgt:

„Wenn du aus dem Bahnhof kommst, stehst du direkt an der großen Kreuzung zwischen der Alten Bahnhofstraße und der Tiergartenstraße. Du schlägst den Weg nach links ein und gehst bis zur nächsten Ecke. Von dort führt die Lotzbeckstraße rechts bis zum Rathausplatz. Ihn lässt du rechter Hand liegen und nimmst den Weg durch die Marktstraße bis zu dem Punkt, wo die Kirchstraße kreuzt.
Wenn du in die Kirchstraße läufst, führt die erste Straße links zu mir in die Vogtstorstraße. Genau an der Ecke zur Krämergasse wohne ich."

1. *Versuche nach dieser Wegbeschreibung eine Skizze anzufertigen.*

2. *Was unterscheidet deine Skizze von der des Stadtplanes im Lösungsheft?*
Was hast du falsch verstanden bzw. wo erkennst du Ungenauigkeiten in der Wegbeschreibung?

....

....

....

....

Wege beschreiben/Wegskizzen anfertigen

3. *Korrigiere nun mit Hilfe des Stadtplanes die Wegbeschreibung!*

....

....

....

....

....

....

....

....

....

....

Bei einer Wegbeschreibung ist es wichtig, dass man die Richtungen, die geschätzte Entfernung, die Straßen und Plätze und bauliche Besonderheiten genau bezeichnet. Dazu gehört die richtige Wortwahl bei Präpositionen, Verben, Numeralen.

4. a) Schreibe Präpositionen auf, die Orts- und Richtungsverhältnisse angeben.

neben, über..........

....

Lösungsheft

b) Notiere Verben, die die Bewegungsart näher bestimmen.

überqueren, einbiegen..........

....

c) Überlege einige Zahlwörter, die eine genauere Beschreibung erleichtern.

nächste Kreuzung, dritte Querstraße, einhundert Meter..........

....

Wege beschreiben/Wegskizzen anfertigen

5. *In der folgenden Darstellung ist nicht alles richtig. Streiche die Teile durch, die bei der Wegbeschreibung überflüssig sind.*

Wenn du mich besuchen willst, worüber ich mich sehr freuen würde, dann fährst du am besten mit der Buslinie 106 in Richtung Geroldsecker Vorstadt. Zwar sind nicht alle Busfahrer freundlich, aber die meisten sagen Bescheid, wann die Haltestelle kommt. Am Doler Platz musst du aussteigen. Überquere dann bei der Apotheke, wo meine Oma immer ihr Rheumamittel einkauft, die Straße in Richtung Westen. Du erblickst dann schon die Metzgerei Schätzle, in der es ganz besonders gut schmeckende Leberwürste gibt. Von dort wendest du dich halb links in die Kirchstraße. Dort gehört einmal das Straßenpflaster erneuert, aber meine Mutter meint, das kümmere wohl niemanden mehr. Nach etwa fünfzig Metern erreichst du die Schlosserstraße, in der es ein paar tolle Wirtschaften gibt. Über diese Straße hinweg, direkt beim Ledergeschäft Himmelsbach, stellt mein Vater oft sein Auto ab, was die Politessen bei uns nicht so gerne sehen. Schräg gegenüber ist ein italienisches Eiscafé, in dem ich mit meinen Freunden häufig bin. Wenn du nun in Richtung Norden schaust, fällt dein Blick direkt in die Vogtstorstraße, in der ich wohne.

TIPP 3

6. *Auch bei einer Wegbeschreibung sollte man die Sätze nicht immer mit „dann" oder „danach" beginnen. Schreibe die folgenden Sätze neu, indem du das Wort „dann" weglässt oder ersetzt und die Verben entsprechend änderst.*

Wenn du in die Stadtbücherei willst, dann musst du erst durch die Lotzbeckstraße gehen. Danach biegst du nach links in die Goethestraße ein. Dort gehst du immer geradeaus, bis du dann zur Kaiserstraße kommst, wo du dann nach links gehen musst. Dann steht auf der rechten Seite ein großes Gebäude, in dem der Eingang zur Stadtbücherei ist. Dann hast du dein Ziel erreicht.

....

....

....

....

....

....

....

Wege beschreiben/Wegskizzen anfertigen

TIPP 1–3

7. *Ein Brieffreund/Eine Brieffreundin möchte dich besuchen und deinen Heimatort näher kennen lernen. Er/Sie bittet dich, in einem Brief zu schreiben, welche Sehenswürdigkeiten bzw. interessanten Plätze es bei dir im Ort gibt und wie man sie in einem großen Spaziergang erreichen kann. Beginne zu Hause und beschreibe den Weg zu den Sehenswürdigkeiten.*

Gegenstände beschreiben

Ganz aufgeregt kommt Simone zum Bademeister des Schwimmbads und meldet, dass ihr Fahrrad verschwunden sei. Nachdem sich die erste Aufregung gelegt hat, bittet der Bademeister um eine genaue Beschreibung des Fahrrads. Er erwartet dazu Angaben über die Art, die Farbe, den Hersteller, die Größe, die Schaltung, die Beleuchtung und Besonderheiten von Simones Fahrrad.

1. *Versetze dich an Simones Stelle und beschreibe das Fahrrad.*

2. *Der Versicherungsvertreter verlangt eine noch genauere Beschreibung. Fülle diesen Fahrradpass für **dein** Fahrrad aus:*

Fahrradpass von: ....

Art des Rades: ....

(Kinderrad, Jugendrad, Damenrad, Herrenrad, Sportrad, Rennrad, Klapprad, Treckingrad, Mountainbike, sonstiges Rad)

Marke und Modell des Rades: ....

Farbe des Rahmens: ....

Farbe der Schutzbleche: ....

Reifenmarke und -größe: ....

Rahmennummer: ....

Kaufdatum: ....

Gegenstände beschreiben

Kaufpreis: ....

Sattelform: ....

Gangschaltung (Art/Zahl der Gänge): ....

Zubehör/Besonderheiten wie Tacho, Lenkerumwicklung, Bowdenzugumwicklung:

....

Beschädigungen: ....

Bei der Gegenstandsbeschreibung kommt es darauf an, möglichst genau zu beschreiben, damit der Gegenstand vorstellbar wird. Wir können vom ganzen Gegenstand ausgehen und die Beschreibung der Einzelteile anschließen; dabei achten wir auf die räumliche Anordnung (z. B. unten-oben, außen-innen, vorne-hinten) und auf Auffallendes sowie Wesentliches.

3. *Bei einer polizeilichen Diebstahlsmeldung kommen noch ein paar genauere Angaben dazu wie: Farbe der Felgen, Material der Griffe, Fahrradglocke, Satteltasche, Fahrradbeleuchtung (Art und Marke), Gepäckträger.*

Ergänze deine Aufzeichnungen.

....

....

....

4. *Wortschatzübungen zur Gegenstandsbeschreibung:*
Suche nach Adjektiven, die Farben, Größen und Besonderheiten an einem Fahrrad beschreiben können.

verbeult, ...

....

....

....

....

Gegenstände beschreiben

5. *Du möchtest dein Fahrrad verkaufen. Schreibe einen Text, mit dem du für dein Fahrrad werben möchtest und den du dann in der Schülerzeitung oder am SMV-Brett oder bei einem Gelegenheitsmarkt veröffentlichst.*

6. *Doch nicht nur der Gegenstand Fahrrad kann beschrieben werden. Auch über andere Gegenstände kann man sehr genaue Informationen geben.*

Sammle auf einer Geburtstagsfeier einmal die Uhren deiner Gäste ein und verlange von jedem eine genaue Beschreibung der Uhr, damit du sie an den rechtmäßigen Besitzer zurückgeben kannst. Dabei wirst du sicherlich einige Überraschungen erleben.

7. *Beschreibe einen der abgebildeten Fische. Frage eine Mitschülerin/einen Mitschüler, ob sie/er nach deiner Beschreibung den richtigen findet.*

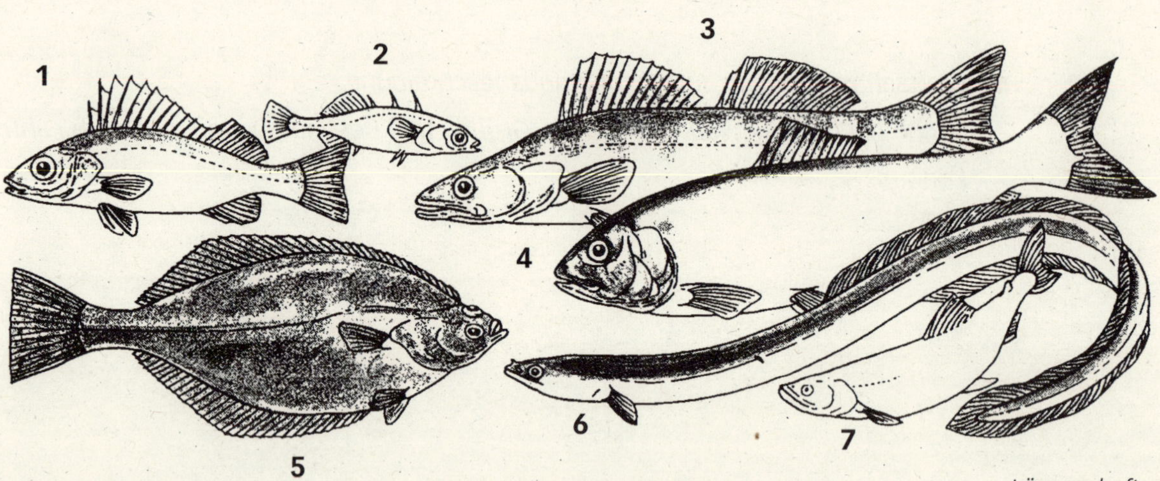

Lösungsheft

Gegenstände beschreiben

8. *Beschreibe genau einen Gegenstand aus deinem Zimmer ohne ihn beim Namen zu nennen. Lass eine Mitschülerin/einen Mitschüler den Gegenstand nach deiner Beschreibung zeichnen. Vergleiche.*

Bericht über einen Unfall

Was ist eigentlich passiert?

Blass kommt Peter am Montag nach Hause und schon sprudelt es aus ihm heraus: „Das war ein schlimmes Ende heute in der Schule. Angelika musste mit dem Krankenwagen fortgebracht werden. Den Busfahrer trifft sicherlich keine Schuld. Wir sind alle – wie immer – aus dem Schulhaus gerannt und auf den Bus zugelaufen. Ich dachte mir, heute müssen wir uns besonders beeilen, wenn wir noch einen Sitzplatz ergattern wollen. Und auf die Rufe der Lehrer haben wir auch nicht gehört. Mark hat mich auf die Seite gedrückt; ich konnte kaum noch mithalten – und plötzlich war es passiert. Ich hörte nur noch einen Schrei und da lag sie auf dem Boden. Irgendwie ist sie überfahren worden. Jetzt wird sie sicherlich einige Zeit nicht in die Schule kommen.“ Da unterbricht die Mutter den Redefluss ihres Sohnes und fragt ihn: „Was ist denn eigentlich passiert? Ich habe ja kaum verstanden, was du gesagt hast.“

1. *Schreibe aus Peters aufgeregtem Bericht die genauen Angaben zum Unfallhergang heraus.*

am Montag ... .

....

....

....

....

Lösungsheft

Bericht über einen Unfall

Was will die Polizei wissen?

Als die Polizei an den Unfallort kam, hörte sie von den aufgeregten Schülerinnen und Schülern folgende Äußerungen:
„Die Sonne schien, während wir auf den Bus warteten." – „Viele von uns waren schon ganz ungeduldig und drängelten und schubsten." – „Die aufsichtsführende Lehrerin schaute auch schon ungeduldig auf die Uhr." – „Wir kamen pünktlich nach der sechsten Stunde in den Schulhof, aber unser Bus war noch nicht da." – „Als der Bus endlich kam, rannten wir auf ihn zu." – „Angelika war am schnellsten und schon lag sie unter dem Bus." – „ Wir schrien ganz aufgeregt und manche kreischten hysterisch." – „Der Busfahrer stoppte, aber da war es schon zu spät." – „Julia muss es ganz genau gesehen haben, denn sie stand direkt daneben." – „Unser Doktor Schmidt war glücklicherweise gleich zur Stelle." – „Das Bein von Angelika sah ganz verdreht aus." – „Aber stark geblutet hat sie nicht." – „Bevor der Krankenwagen kam, hatte unser Musiklehrer schon erste Hilfe geleistet." – „Angelika wurde dann sofort mit Blaulicht ins Krankenhaus gefahren."

2. *Schreibe die für die Polizei wichtigen Informationen heraus.*

Nach der sechsten Stunde ... .

....

....

....

....

....

Aufgabe eines Berichtes ist es, einen Sachverhalt, ein Geschehen genau und wahrheitsgetreu wiederzugeben. Persönliche Ausschmückungen, Gefühle und Vermutungen gehören ***nicht*** *in einen Bericht.*

Bericht über einen Unfall

Die Polizei möchte für ihren Bericht noch weitere Angaben haben. Sie befragt daher Julia, die als Augenzeugin benannt wurde, **wie** sich der Unfall ganz **genau** ereignet hatte. Julia berichtet: „Als wir den Bus auf den Schulhof fahren sahen, rannten wir alle sofort auf ihn zu. Obwohl der Bus noch langsam zu seinem Standplatz fuhr, blieben wir nicht stehen. Angelika war am weitesten vorne, aber sie stolperte und fiel genau vor das rechte Vorderrad des Busses. Auf unser Geschrei hin stoppte der Busfahrer sofort, doch es war zu spät. Angelika war mit dem rechten Bein unter das Rad gekommen."

3. *Vergleiche die Aussagen von Julia mit den Äußerungen von Peter und den Schüleraussagen bei der ersten Polizeibefragung. Schreibe auf, was anders ist.*

4. *Stelle aus den bisherigen Angaben nun zusammen, welche Folgen der Unfall für Angelika hatte.*

Bericht über einen Unfall

W-Fragen

TIPP 1–3

5. *Versuche nun aus den dir bekannten Angaben einen Bericht zu erstellen, in dem du folgende W-Fragen berücksichtigst:*

- ***Wann** geschah das Ereignis?*
- ***Wo** ereignete sich der Vorfall?*
- ***Wer** war an dem Geschehen beteiligt?*
- ***Was** ist geschehen?*
- ***Wie** geschah es?*
- ***Welche** Folgen ergaben sich aus dem Geschehen?*

Unfallbericht

Der Unfall geschah am Montag nach... ....

....

....

....

....

....

....

....

....

....

....

....

....

....

....

Berichte knapp und sachlich. Halte dich an die genaue zeitliche Reihenfolge. Schreibe im Präteritum. Beachte die W-Fragen.

Bericht über einen Unfall

6. *Nicht nur die Polizei interessiert sich für das Unfallgeschehen, sondern auch Angelikas Eltern und die Schulleitung. Was könnten sie noch wissen wollen?*

Eltern: ....

....

Schulleitung: ....

....

Es ist wichtig zu wissen, ***für wen*** *ein Bericht geschrieben wird, also welche Informationen der Adressat erwartet.*

7. *Weiterführende Übung:*
Du stehst an einer Straßenkreuzung und wirst Augenzeuge eines Verkehrsunfalls, bei dem einer der Beteiligten sich mit seinem Fahrzeug vom Unfallort entfernt (Fahrerflucht). Überlege, welche Informationen für die Polizei in diesem Fall wichtig sind, und schreibe einen Augenzeugenbericht.

....

....

....

....

....

....

....

....

....

....

Bericht über ein Schulereignis

Berichte gibt es zu vielen Anlässen. Man kann über Familienfeiern berichten, über Ausflüge und Veranstaltungen. Immer aber sind sachliche Informationen mit Hilfe der W-Fragen mitzuteilen.

1. *Ein Schüler berichtet von einer Radtour mit seiner Klasse:*
a) Unterstreiche die Äußerungen, die ***keine*** *notwendigen Sachinformationen enthalten.*

Im letzten Jahr fuhren wir nach Rosheim, denn wir waren von unserer Partnerschule eingeladen. Unser Klassenlehrer organisierte alles und klärte auch alle offenen Fragen mit den dortigen Lehrern ab. Unser Sportlehrer fuhr als Begleitperson mit. An einem trüben Montagmorgen fuhren wir schwer bepackt mit unseren Rädern los. Die Fahrt verlief reibungslos bis auf die Tatsache, dass uns der Klassenlehrer zum Rasten an den Rhein führte. Durch die süßen Getränke wurden viele Mücken auf uns aufmerksam und ließen uns nicht in Ruhe.
Als wir gegen 12 Uhr ankamen, leitete uns der Schulleiter in den Sanitätsraum, wo wir unser Gepäck abstellen konnten. Danach ging es in die Kantine. Das Essen schmeckte nicht sonderlich gut. Dann wurden wir unseren Gastgebern vorgestellt. Jetzt konnten wir uns auf dem Gelände austoben. Später ging es in das Schwimmbad, das leider etwas zu klein war. Am Abend wurden wir zu einer Grillparty eingeladen. Danach kamen uns die Eltern der Gastfamilien abholen. Bei unseren Gastgebern konnten wir fast alle das Weltmeisterschaftsspiel zwischen Deutschland und Südkorea, das 3:2 ausging, sehen.
Am nächsten Morgen kamen wir ausgeschlafen zur Schule zurück. Danach machten wir eine Stadtbesichtigung. Gegen Mittag wollten wir zurückfahren, aber einer unserer Mitschüler hatte einen Platten. Dieses Malheur bekamen die verantwortlichen Lehrer nicht in den Griff. Mit eineinhalbstündiger Verspätung traten wir die Heimreise an. Der Heimweg verlief zügig.
Gegen 16 Uhr kamen wir zu Hause an. Alles in allem war es ein gelungener Jahresabschluss.

b) Beantworte die W-Fragen zu diesem Bericht.

....

....

....

....

Bericht über ein Schulereignis

2. *Lies den folgenden Bericht und beantworte anschließend die W-Fragen.*

Schülerinnen und Schüler putzten den Wald

Was vor fünf Jahren in einer gemeinsamen Aktion zwischen dem Kooperativen Bildungszentrum, dem Bauhof der Gemeinde und dem zuständigen Revierförster begann, wurde auch in diesem Jahr fortgeführt: die Waldputzaktion im hiesigen Forst. Nach der ersten Unterrichtsstunde am Mittwochvormittag wurden im Hof der Grundschule durch den Förster die Gruppen eingeteilt, die sich dann auf den Weg in den Wald machten. Während der Aktion wurde den Schülerinnen und Schülern deutlich, dass viele Menschen den Wald als Müllplatz benutzen und dort Dinge hinterlassen, die nicht nur dem Bild der Natur abträglich sind, sondern auch Gefahren für die Tiere darstellen. Ob Blechdosen oder Lebensmittelreste, ob Plastiktüten oder Altreifen – vieles landet dort, wo Unbesonnene und Rücksichtslose meinen, dass der Wald im Laufe der Zeit zudecke, was sie dort wegwerfen oder ablagern. Viele nehmen das Wort Umweltschutz in den Mund – aber die „Waldputzer" mussten den Eindruck gewinnen, dass es oft über Lippenbekenntnisse nicht hinausgeht.

Die Schule sieht in dieser Aktion nicht nur einen Aspekt ihres Erziehungsauftrages, sondern auch einen Schritt zur Bewusstwerdung der Verantwortung für die Natur und damit für die Zukunft. Mit einem gemeinsamen Vesper am Grillplatz wurde die Aktion Müllsammeln im Wald abgeschlossen.

Wann geschah das Ereignis? ....

....

Wo ereignete es sich? ....

....

Wer war an dem Geschehen beteiligt? ....

....

Was ist geschehen? ....

....

....

Bericht über ein Schulereignis

Wie geschah es? ....

....

Welche Folgen ergaben sich? ....

....

TIPP 1–3

3. *Berichte über ein Ereignis, das du mit deiner Klasse erlebt hast.*

Z. B.

....

....

....

....

....

....

....

....

....

....

....

....

....

Bericht über ein Schulereignis

Schulreport

Schüler zeigen, was sie können!

Immer im Rhythmus von zwei Jahren findet im Bildungszentrum unser Schulfest statt.
In diesem Jahr schloss das Schulfest am vergangenen Samstag direkt an die Projekttage der Schule an. Angesichts der zahlreichen Schautafeln zu den verschiedensten Themen konnte der Besucher nachvollziehen, mit welcher Mühe und Ausdauer in den Projekten gearbeitet wurde.
So unternahm eine Gruppe einen Rundgang durch die öffentlichen Einrichtungen und Ämter der Gemeinde. Insbesondere wurde ein Besuch bei der Bürgermeisterin dokumentiert, der anscheinend besonders gut ankam, denn ein ohne das Zutun des Lehrers geschriebener Dankesbrief der Schülerinnen und Schüler an die Bürgermeisterin wurde auch ausgestellt.
In Textform und zahlreichen Bildern wurde auch das Projekt „Ein Ort wacht auf" vorgestellt, in dem die Schülerinnen und Schüler an drei unterschiedlichen Stätten (Burgruine, Schulhof und Schwimmbad) übernachteten um am frühen Morgen die „aufwachende" Gemeinde zu beobachten. Sie interviewten Menschen, die schon um diese Zeit arbeiten.
Das Projekt „Mit Wucht gegen Sucht" ließ hoffen, dass die Schülerinnen und Schüler tatsächlich zu Drogen Abstand halten. Jedenfalls schmeckte der alkoholfreie „Floridadrink" der Projektgruppe ausgezeichnet.
Ein Theaterprojekt der Klassen 3 a und 4 b kam bei dem zahlreich erschienenen Publikum besonders gut an. Es wurde das Musical „Schabernackel" einstudiert. Den Grundschülern gelang ein freches, fröhliches Theatervergnügen, das sich besonders durch gute schauspielerische und musikalische Leistungen auszeichnete.
Aber auch außerhalb der Projektergebnisse wurde einiges geboten: Es gab ein gemeinsam mit dem TC veranstaltetes Tischtennisturnier, einen kleinen Zirkus, es spielten eine Band sowie Flötengruppen und sonstige Instrumentalsolisten. Auch Tanzeinlagen von Klassisch bis Jazzdance wurden zur Aufführung gebracht. Ferner waren zahlreiche Arbeiten aus den Fächern textiles Werken und der bildenden Kunst ausgestellt. Für das leibliche Wohl waren wieder

Bericht über ein Schulereignis

allein die Eltern verantwortlich. Ihnen gebühre auch in diesem Jahr, so der Rektor, besonderer Dank für ihre Mühe. Für uns Schüler war das Fest der gelungene Höhepunkt dieses Schuljahres. Auch den Eltern wurde ein guter Einblick in das tägliche Schülerleben gewährt. Schüler und Lehrer können nach diesem Schulfest beruhigt in die Ferien starten. Gerade als das Programm beendet war, zog eine gewaltige Gewitterfront über das Schulzentrum hinweg. Glück gehabt! Auf dem Fest enthüllte die Bürgermeisterin auch ein Bild der diesjährigen Abschlussklasse R 10 a, das sie der Schule als „Abschied“ übergab. Es befindet sich an der Außenwand der Schulturnhalle und zeigt auf witzige Art unseren Schulalltag. Eine tolle Idee!

4. *Worüber wird in der Schülerzeitung berichtet?*

....

....

....

5. *Was ist genauer ausgeführt? Schreibe in Stichwörtern.*

....

....

....

....

6. *Welche der bekannten W-Fragen sind nicht beantwortet?*

....

....

7. *Schreibe die Stellen aus dem Text, wo der Berichterstatter seine persönliche Meinung äußert.*

....

....

....

....

Zeitungsberichte

1. *Wie werden die W-Fragen in den Zeitungsberichten beantwortet? Unterstreiche die entsprechenden Textstellen.*

Ein länderübergreifendes Schulobjekt

Den Geroldseckern beiderseits des Rheins auf der Spur

SEELBACH (db). Was mit einer Arbeitsgemeinschaft an der Realschule in Seelbach begann, erlebte jetzt nach Pfingsten einen Höhepunkt in dem Versuch Geschichtsunterricht länderübergreifend zu gestalten. Das Geschlecht der Geroldsecker gab diesem Projekt seinen Namen, findet man doch nicht nur bei uns auf dem Schönberg die Burgruine jener hiesigen Herrscherfamilie des Mittelalters, sondern auch in der Nähe von Zabern im Elsass zwei weitere bauliche Zeugnisse jener Epoche – die Große und die Kleine Geroldseck. Mit den Lehrkräften Berger von der Realschule Seelbach und Jerome vom Collège Herrade de Landsberg in Rosheim erkundeten die beiden siebten Klassen gemeinsam die Geschichte und die Ruinen links und rechts des Rheins.

Nachdem die theoretische Vorarbeit seit Schuljahresbeginn in kleinen Arbeitsgruppen geleistet wurde, ging es zunächst auf die Hohengeroldseck und dann nach Zabern. Die Schülerinnen und Schüler der Seelbacher Arbeitsgemeinschaft hatten einen 15 Fragen umfassenden Katalog erstellt, der zudem mit Detailfotos der Burgruine auf dem Schönberg angereichert wurde. Mit der entsprechenden Übersetzung ins Französische sind dann 46 Mädchen und Jungen von der Realschule und dem Collège über die alte Landstraße hinaufgewandert, wo vor Ort in gemischten deutsch-französischen Gruppen die Aufgabenstellung bearbeitet wurde. Auch für die beiden Burgruinen auf französischer Seite gab es einen Fragenkatalog. Die Auswertung der Fragebögen und die Erstellung eines Erfahrungsberichts über den gemeinsamen Geschichtsunterricht wird das Projekt beschließen.

Kater versteckte sich in Streifenwagen

– Von Feuerwehr gerettet –

BREMEN (dpa) Ein abenteuerlicher Kater, der sich in der Karosserie eines Streifenwagens der Polizei versteckt hatte, konnte nur von der Bremer Feuerwehr geborgen werden. Als „blinder Passagier“ sorgte das Tier während der Streifenfahrt für mysteriöse Geräusche, berichtete die Polizei in Bremen am Dienstag. Nach mehrfacher Suche entdeckten die Beamten die verängstigte sechs bis acht Wochen alte „Samtpfote“ in einem Hohlraum über der Hinterachse. Unwillig hervorzukriechen, wurde das Tier schließlich von der Feuerwehr gerettet: Dazu musste der Wagen angehoben werden.

Zeitungsberichte

Familie *vergaß* ihr Kind auf Parkplatz

Den Haag (dpa). - Eine niederländische Familie hat ihre fünfjährige Tochter während eines Ausflugs nach Deutschland auf einem Autobahn-Rastplatz bei Remscheid vergessen. Wie die in Amsterdam erscheinende Tageszeitung „De Telegraaf“ am Montag berichtete, waren die Eltern nach der Rast davon ausgegangen, dass ihre Tochter in den Wagen der Großeltern eingestiegen war. Oma und Opa dachten dagegen, das Mädchen führe bei den Eltern mit. Im heimatlichen Helmond bei Eindhoven angekommen, stellten sie fest, dass beide Rückbänke leer waren.

Glücklicherweise kam schon bald die erlösende Nachricht von der deutschen Polizei: Das Mädchen sei wohlauf. Es hatte auf einer Wiese gespielt, als der Rest der Familie die Heimfahrt angetreten hatte. Am nächsten Grenzübergang konnten die Eltern ihre Tochter wieder in Empfang nehmen.

Fußballgroßer Meteorit schreckte Australier aus dem Schlaf

Perth (dpa) - Ein fußballgroßer Meteorit hat am Montag Tausende von Bewohnern der westaustralischen Stadt Perth aus dem Schlaf gerissen. Um 02.00 Uhr Ortszeit raste der Himmelskörper in etwa 20 Kilometer Höhe über die Millionenstadt hinweg. Der laute Überschallknall verbreitete zunächst Angst und Schrecken. Die Sternwarte von Perth erhielt, ebenso wie die Polizei, Hunderte von Anrufen besorgter Bürger.

Dem Knall war ein grelles Licht vorausgegangen, das nach Berichten von Wissenschaftlern beim Eintritt des Meteoriten in die Erdatmosphäre durch die Reibungshitze verursacht wurde. Nach Ansicht eines Mitarbeiters des Observatoriums war der Meteorit wahrscheinlich so schwer wie ein Klumpen reinen Eisens und raste mit einer Geschwindigkeit von mindestens 300 Metern pro Sekunde auf die Erde zu.

Der Knall konnte bis zu 300 Kilometer entfernt von Perth gehört werden. Nach Ansicht der Wissenschaftler ist der Meteorit wahrscheinlich explodiert und in sandkorngroße Bruchstücke zerfallen. Die Bruchstücke müssten etwa 85 Kilometer nordöstlich von Perth niedergegangen sein.

Bericht über ein Sportereignis

Tischtennisteam erfolgreich

Mit der Vizemeisterschaft im Landesfinale bei „Jugend trainiert für Olympia" gelang dem Tischtennisteam der Realschule in der Besetzung Christoph G., Tobias H., Dirk L. und Arthur T. unter der Betreuung des Sportlehrers der bisher größte Erfolg einer hiesigen Schulsportmannschaft in diesem Wettbewerb.
Dabei blieben die vier Schüler auch in dieser Endrunde ohne Niederlage; im entscheidenden Spiel gegen das Gymnasium entschied nach einem 5:5 lediglich das bessere Satzverhältnis mit 12:11 zugunsten der Gymnasiasten.
Dieses Spiel war das erste und, wie sich später herausstellte, bereits das entscheidende Match. Nach den ersten beiden Doppeln stand es 1:1. Christoph G. und Tobias H. brachten ihre Mannschaft mit 3:1 in Führung; nach den weiteren beiden Einzeln stand es erneut 3:3. Große Hoffnung herrschte im Realschulteam, als die beiden Schüler wiederum ihre Einzelspiele gewannen und das Zwischenergebnis damit 5:3 lautete. Doch die gleichmäßig gut besetzte gymnasiale Schülermannschaft schaffte nochmals den 5:5-Ausgleich und hatte sogar einen Satz voraus, sodass im direkten Vergleich beider Mannschaften bereits die Vorentscheidung gefallen war. Die weiteren zwei Begegnungen gewann unsere Schulmannschaft sehr deutlich; da aber auch die Gymnasiasten weiterhin erfolgreich waren, blieb am Ende „nur" die Vizemeisterschaft.
Den vier Schülern, die beim TC aktiv Tischtennis spielen und nun mit der Schulmannschaft einen weiteren großen Erfolg verbuchen konnten, gelten die Glückwünsche der Realschule.

1. *Am Beispiel dieses Berichts siehst du, dass Sportberichte wieder andere Informationen beinhalten, die über die W-Fragen hinausgehen. Untersuche den Bericht nach den W-Fragen und stelle fest, welche weiteren Informationen gegeben werden.*

W-Fragen: ....

....

....

....

....

....

Bericht über ein Sportereignis

Über die W-Fragen hinausgehende Informationen:

TIPP 1–3

2. *Suche dir aus deinem Lieblingssport ein Ereignis heraus und schreibe darüber einen Bericht.*

Regeln

Erzählen

Beim Erzählen muss man zunächst wissen, auf welches ***Ziel*** *(Höhepunkt) man mit der Erzählung hinaus will.*
Danach richtet sich der schrittweise Aufbau der Geschichte mit ***Einleitung, Hauptteil (Erzählkern) und Schluss****.*

In der ***Einleitung*** *wird die Ausgangsposition mit Ort, Zeit und Personen vorgestellt.*

Im ***Hauptteil (Erzählkern)*** *wird die Geschichte Schritt für Schritt ausgebaut, indem man die Handlungs-elemente steigernd entwickelt, z. B. mit Hilfe von Verzögerungen das Ziel auf dem Weg einer Spannungskurve erreicht.*

Der ***Schluss*** *soll die Geschichte abrunden und darf auf gar keinen Fall die Erzählung weiterführen wollen; es könnte höchstens ein Ausblick auf das weitere Geschehen gegeben werden.*

Der ***Höhepunkt*** *ist das wichtigste Element einer Erlebniserzählung und muss daher besonders anschaulich gestaltet sein.*
Er kann deshalb auch im Präsens (in der Gegenwart) erzählt werden.

Die Sprache der Erzählung soll ***lebendig und anschaulich*** *sein und den Leser fesseln.*

Erzählt wird in der Zeitform ***Präteritum*** *(Vergangenheit).*

Eine gute Überschrift ist kurz, verrät nicht alles, sondern macht neugierig auf die Geschichte.

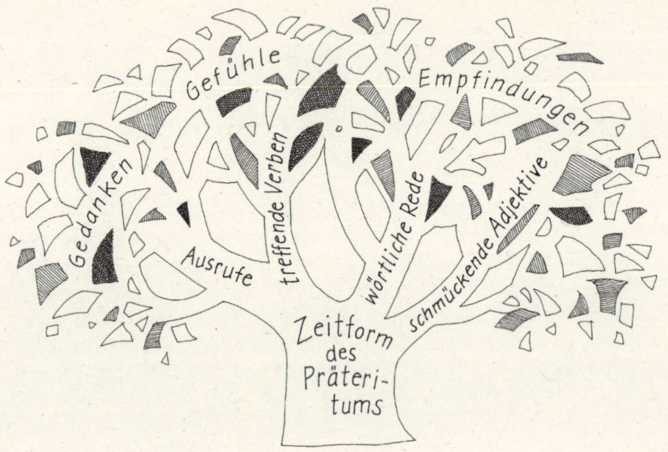

Aufsätze schreiben: Alles klar!

Lern- und Übungsheft **1** *für das 5./6. Schuljahr*

Lösungen

Seite 4:

Aufgabe 1

4, 1, 3, 2

Aufgabe 2 a

tat, gefiel, sagte, dachte, malte, stellte sich vor

Seite 5:

Aufgabe 2 b

stellst, würfelst, darfst, rückst, überspringst, musst, wirfst hinaus, besetzt, darfst, musst

Aufgabe 3

z. B.: Kurz darauf … Anschließend … Nach einiger Zeit … Danach … Daraufhin … Sofort … Im Anschluss daran … Nun … Zuletzt … Am Ende … Plötzlich … Jetzt … Auf einmal …

Aufgabe 4

z. B.: sie rannte, das Kind stürmte, es hetzte, Anja sauste, flitzte, brauste, spurtete …

z. B.: der Junge bummelte, er schlich, das Kind schlenderte, er spazierte …

Seite 8–9:

Aufgabe 3

4. Erzählschritt, 1. Erzählschritt, Einleitung, Höhepunkt,2. Erzählschritt, Schluss, 3. Erzählschritt

Das Bootsabenteuer

Vorsichtig krochen wir aus dem Zelt. Es war ganz früh am Morgen, die Sonne war eben erst aufgegangen. Unsere Eltern schliefen noch und auf dem ganzen Campingplatz war kein Mensch zu sehen.

Schnell liefen Michael und ich zum Fluss hinunter. Wir hatten uns vorgenommen im nahen Schilf die Vögel zu beobachten. Als wir am Ufer entlanggingen, sahen wir dort ein Ruderboot liegen. Michael schaute mich fragend an. „Was ist los? Sollen wir mal mit dem Boot auf den Fluss? Es ist ja niemand zu sehen." Ich antwortete: „Na gut, wenn du meinst." Wir nahmen die Ruder in die Hand und legten los.

Michael fragte mich: „Bist du schon einmal in einem solchen Boot gefahren?" „Nein", antwortete ich. Das Wasser floss sehr ruhig und wir sangen „Eine Seefahrt, die ist lustig, eine Seefahrt, die ist schön". Ich sah mich ein bisschen im Boot um; Michael übernahm mein Ruder. Ich rief: „Sieh mal, was ich da gefunden habe!" Er rückte schnell zu mir heran.

„Was hast du denn da?" „Eine Angel", murmelte ich, „die habe ich mir schon lange gewünscht und nie bekommen." „Bravo", erwiderte Michael. „Jetzt können wir nebenbei noch angeln."

Ich warf den Köder hinaus ins Wasser und wartete zehn Minuten, aber nicht ein einziger Fisch biss an. Ich hörte auf zu angeln und stand auf um mein Ruder zu holen.

Da geschah es. Plötzlich fing das Boot an zu schaukeln. Michael sagte: „Pass auf!" Auf einmal kippte das Ruderboot um. Michael und ich schrien: „Hilfe, Hilfe!", immer wieder. Wir konnten nichts

machen. Michael hatte eine Idee. Er schrie: „Komm, wir halten uns zusammen fest, sodass niemand von der Strömung mitgerissen wird."
Nach einer viertel Stunde konnten wir uns erschöpft ans Ufer retten.
„Warum bist du aufgestanden?", fragte Michael.
„Ich wollte doch nur das Ruder holen", sagte ich.
Michael meinte: „Du kannst froh sein, dass wir noch am Leben sind."
Atemlos liefen wir nach Hause. Unsere Eltern hatten in der Zeit, als wir weg waren, noch gar nichts gemerkt. Wir beide meinten: „Ende gut, alles gut."

Seite 13–14:

Aufgabe 7

z. B.: gebannt, aufmerksam, neugierig ... schaute er zu;
er antwortete beleidigt, schüchtern, aufbrausend ... ;
sie schwieg verlegen, traurig, erschrocken ...
z. B.: Er sprang davon, rannte weg, machte sich aus dem Staub, verschwand, stahl sich davon, flüchtete ...
Sie jammerte, rief, schimpfte, bat, befahl, schmeichelte, sprach, tobte ...
z. B.: Der Wind heulte, jammerte, stürmte, brauste, rüttelte, säuselte, raschelte ...
z. B.: Das Mädchen rannte, lief, hopste, bummelte, trödelte, schlenderte, spazierte ...
z. B.: Paul spitzte die Ohren, vernahm, horchte ...
z. B.: Der Regen tröpfelte, pladderte, strömte, fiel, schüttete, rieselte, spritzte ...
z. B.: Der Wecker klingelte, ratterte, lärmte, schepperte, mahnte, tönte ....

Seite 14:

Aufgabe 8

z. B.: Als ich heute Morgen mit dem Fahrrad zur Schule fuhr, entdeckte ich etwas Merkwürdiges am Straßenrand. Beim näheren Hinsehen erkannte ich ein verletztes Reh.
Zuerst überlegte ich, was ich machen sollte. *Da* fiel mir ein, dass der Förster am Ortseingang wohnt. *Schnell* radelte ich davon um die Entdeckung zu melden. Zum Glück war der Förster zu Hause. *Jetzt* ging alles sehr schnell. Der Förster war mit seinem Auto sofort am Fundort. *Danach* konnte ich das weitere Geschehen nicht mehr verfolgen, *denn* ich war ohnehin schon zu spät. *Deshalb* fuhr ich auf dem schnellsten Weg zur Schule. Meine Verspätung wurde entschuldigt , weil ich vielleicht einem Tier das Leben gerettet hatte.

Seite 15:

Aufgabe 10

Präteritum	Infinitiv
warf	werfen
wartete	warten
biss	beißen
hörte auf	aufhören
stand auf	aufstehen
liefen	laufen
hatten	haben
entlanggingen	entlanggehen
sahen	sehen
krochen	kriechen
war	sein
schliefen	schlafen
geschah	geschehen
fing an	anfangen
sagte	sagen
kippte	kippen
schrien	schreien
konnten	können
...	...

Seite 18:

Aufgabe 4

Zug, Schaffner, Schreck

Seite 19

Aufgabe 5

1. langweilig, macht nicht neugierig
3. verrät schon alles, zu lang

Seite 20

Aufgabe 9

Jetzt war … Ich streckte …
… Dieser stutzte …, nahm … schüttelte …
… dachte …
Ich schaute … hatte … waren … da sagte …
mir wurde …, … schlug …, ich stürzte …
murmelte …

Im Präsens wirkt der Höhepunkt der Geschichte unmittelbarer und spannender.

Seite 24

Aufgabe 1

Garagentür löst sich in Luft auf, Auto fliegt von alleine, Flug nach Afrika, Auto landet, Afrikaner nicht überrascht, Papagei hat informiert, Fest, Auto mahnt zum Aufbruch, Rückflug mit Auto

Aufgabe 2

Beginn: an einem Sommertag im Garten
Ende: vor dem Abendessen in der Garage

Aufgabe 3

Das Fantastische in dieser Geschichte setzt ein, als sich die Rückwand der Garage in Luft auflöst, und endet mit der Rückkehr in die Garage.

Seite 25

Aufgabe 4 c

Einleitung, Spiel/Traum in der Garage, Flug nach Afrika, Landung in Afrika,
Höhepunkt (Erlebnisse in Afrika), Rückflug,
Schluss

Aufgabe 4 d

Erlebnisse in Afrika – Ankunft, Begrüßung durch kleinen Jungen, Fest, neue Eindrücke

Seite 39

Aufgabe 1

Fachausdrücke sind **z. B.**:
Aquarium,
Schaumstofffilterpatrone,
Wasseraufbereitungsmittel,
Algen,
Aquariumsscheibenreinigungsgerät,
elektrische Systeme,
Scheibenreiniger,
Algenwuchs,
Schlieren,
Filz,
Wasserfilter,
Filterpatrone,
Wasserqualität,
Kies,
Temperatur,
Schock,
Algenverhinderer,
Medizin,
Umwälzfilter,
Heizstab,
Sauerstoffsprudler,
Fischkot,
Algenbefall

Aufgabe 3

mit dem Reinigen, Verunreinigungen aufspüren, reinigt die Seitenscheiben, Filz nimmt … auf, unter fließendem Wasser säubern, reinigt die Filterpatrone, bringt Leitungswasser mit Wasseraufbereitungsmittel auf entsprechende Wasserqualität, durchgespülter Wasserschlauch

Seite 40

Aufgabe 6

… Gegenstände … die er … benötigt. Dazu gehören … . Nachdem Michael … .
Dabei saugt er … Anschließend … Dabei …
Danach … wobei er … Wichtig ist, dass …
damit … Wenn er … Nach etwa einer halben Stunde … Diesen Vorgang …

Seite 42

B = Bahnhof
Z = Ziel

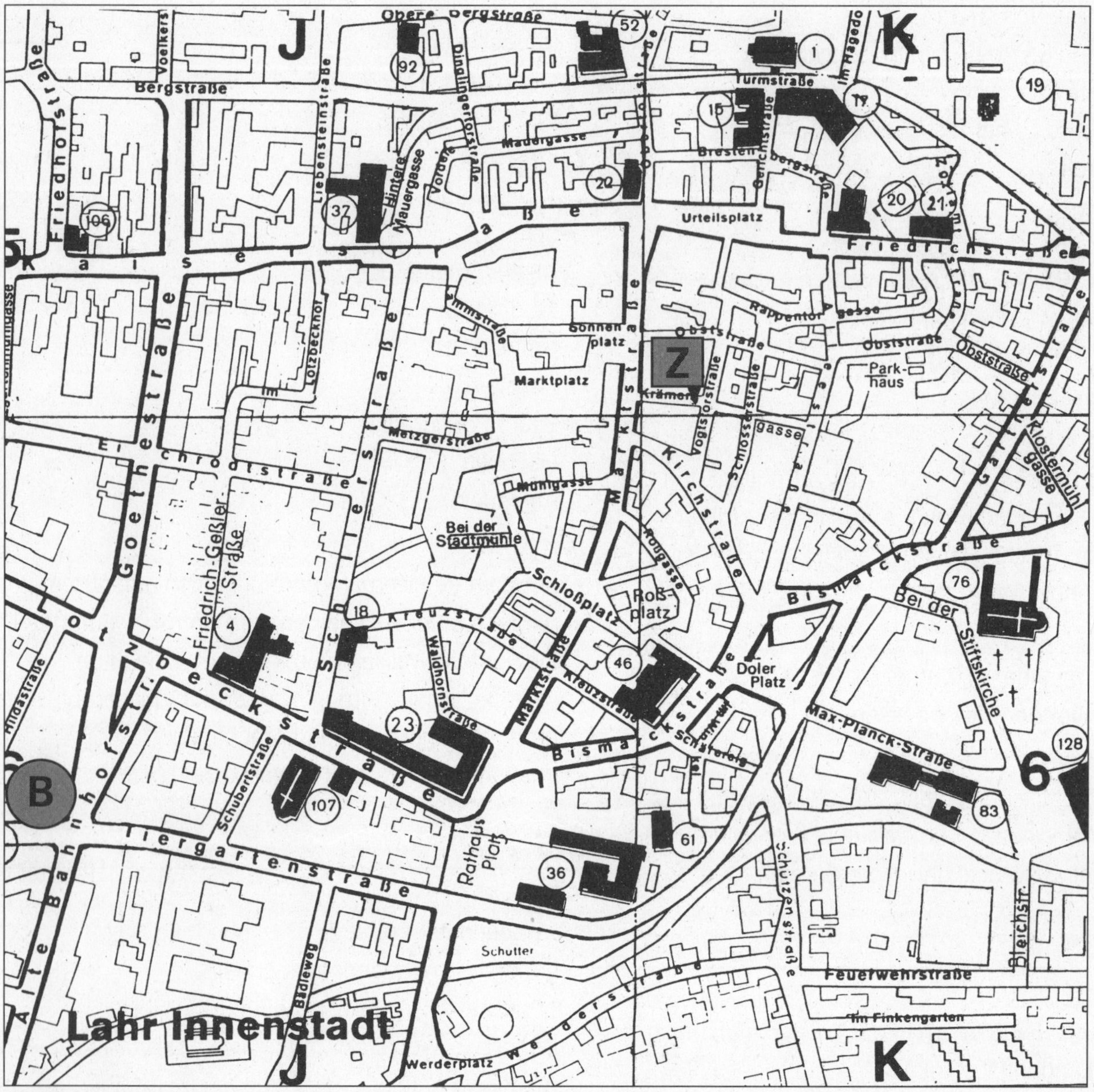

Seite 43

Aufgabe 4 a

z. B. um, herum, am, entlang, bis, zu, in, unter, hinter, zwischen

Seite 48

Aufgabe 7

1. Kaulbarsch, 2. Stichling, 3. Zander, 4. Finte, 5. Flunder, 6. Aal, 7. Stint

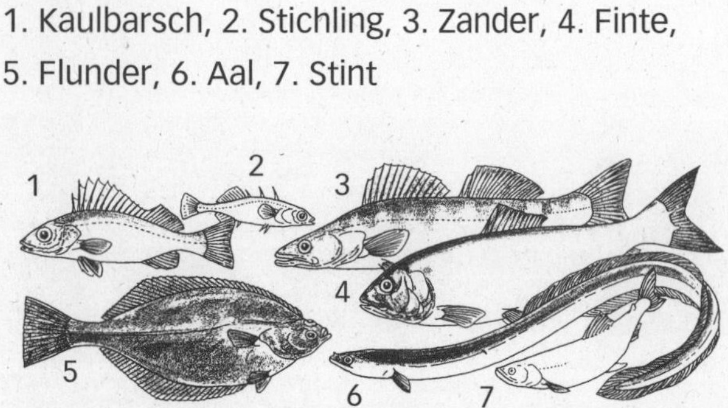

Seite 50

Aufgabe 1

am Montag, Schüler rannten aus dem Schulhaus zum Bus, schubsten sich, Angelika wurde überfahren, schrie, lag am Boden und musste mit dem Krankenwagen fortgebracht werden